JN440794

오늘의문학시인선 441

향기 남기는 꽃처럼

이근풍 시집

오늘의문학사

이근풍 시집

향기 남기는 꽃처럼

| 시인의 말 |

한편의 시가 내 생명의 불꽃이라는 마음으로 시인의 길을 걸어온 지 어느 덧 30여 성상이 지났다.

오랜 세월 시를 쓰면서 자신의 열정 모두 쏟았는데도, 좋은 시 한 편 쓰기란 참으로 어려운 일임을 깨닫게 되었다.

외면은 화려해도 내면이 고독한 시인의 길이 아무리 먼 고난의 길이라 해도 좋은 시 한 편 쓰겠다는 꿈이 아직 남아 있기에 오늘도 즐거운 마음으로 외로운 길을 가고 있다.

앞으로 나에게는 시와 같이 가는 인생길이 여러 갈래 인생길 중 가장 행복한 길임을 깨달았기에 오늘도 아름다운 시의 꽃을 피우기 위해 시 친구 손잡고 시인의 길을 걷는다.

오직 사랑으로 가꾸어낸 시의 꽃에서 묻어나는 詩香이 독자의 가슴에 오랜 여운으로 남아 있기 바라는 기도를 멈추지 않는다.

목차

제2부 고향길을 오가며

제4부 사랑을 꿈꾸며

제5부 따뜻한 가슴으로

1

한 고개 넘을 때마다

고향

그리운 고향
방문하는 날은
가슴 설레어
잠 못 이루는 밤이 되네.

세속의 온갖 시름
모두 잊게 되는
행복한 날이 되네.

삶의 활력 잃었을 때
찾아갈 고향
있다는 것만으로도
큰 축복이네.

고향의 정

어렵던
살림살이가
불 밝히며
반기네.

- 종장 시조

희망의 꽃을 찾아

어제까지 피었던 꽃
눈부시게 아름다웠던 꽃

오늘은 그 꽃이
소리 없이 진다

피어나고 지는 것은
순환의 원리

새로운 희망을 찾아
길을 떠난다.

봄비

봄비가 연주하는
타악기의 선율

고요한 정오
정신이
한결 맑아지는데.

자신을 돌아보는
명상의 시간이 되는데.

봄날의 햇살

여인의 속살 같은
봄날의 햇살

닫힌 마음까지
활짝 열어주네.

새롭게 돋아나는
희망의 새싹.

곡성 장미원에서

서로가 여왕이라
아름다움 뽐낼 때면

그 아름다움에 취해
무아경에 이르네.

가을의 분수령에서

노을빛
나무 가지에 앉아
노래하는
한 마리 새가 되네.

가을의 분수령에서
바람에 흔들리는
고운 잎새가 되네.

가도 가도
끝이 보이지 않는
인생길,
나그네가 되네.

법정스님을 추모하며

시대를 밝히시고
사회를 다독이시는 등불이셨지요.

인생살이 하는 동안
마음의 안정
찾지 못할 때에는
스님의 영정 모신 불일암 찾아
합장재배합니다.

스님께서 한 평생 실천해 오신
비움과 무소유 정신

자신을 돌아보는
성찰의 시간을 갖고
스님께서 남기신 삶의 맑은 향기
가슴 가득 담습니다.

산에 오르며

산은 자신을 알아가는
수련의 장이다.

강인한 정신력으로
도전정신 인내심
기르는 도장이다.

삶의 시작과 끝
심오한 삶의 진리
깨달음의 도장이다.

푸르른 꿈으로

사람들은 누구나가
푸르른 꿈 희망으로
살아가기 원하면서
자신들의 주변 환경
가꾸려고 하지 않네.

우리 산천 푸르러야
자연 살고 사람 살지
그런데도 사람들은
환경문제 고려않고
편리함만 추구하네.

독백 1

인간은 어떤 눈과 마음 갖고
살아가느냐에 따라
행 · 불행이 달라진다.

진정으로 사회를 위해
봉사하려는 사람은
어떤 감투도 쓰려 않는다.

몸 무거워져도
정신 무너지지 않으나
정신 무너지면
몸은 쉽사리 무너지고 만다.

그대 언제까지나
한자리에 머물려 말고
떠날 줄도 알아야 한다.

독백 2

버릴 줄 알고
잊을 줄 아는 사람만이
행복해질 수 있지.

인간이 왔던 길도, 가야할 길도, 혼자임을 깨닫게 되는 날부터 간직해 왔던 외로움 줄어들기 시작하지. 그대 이승 떠나는 날 묘지까지 전송해줄 친구 그 몇일까? 마음의 뿌리 깊이 내리게 세속에 바람에 흔들린다면 아무것도 이룩할 수 없을 테니 가장 가까운 사람들이 자신의 진심 이해하지 못할 때 삶은 무의미해진다.

그대
생각해 본 일 있는가?

독백 3

그대 거울에 비친 다른 사람의 삶의 모습, 다른 사람의 거울에 비친 그대 삶의 모습 보면서 삶의 참 모습 찾아보게.

어머니의 가슴은
드넓은 바다
사계 중 어느 하루도
크고 작은 파도
멈추는 날 없지.
다른 사람들의
허물도 용서할 줄 알게.

아무리 현명한 사람이라 해도 어리석음을 범하는 게 인간이니까. 내 몸에서 떨어져나간 생활의 편린 모아 태우니, 고독의 냄새가 연리로 흩어지네.

독백 4

잊은 물건 찾지 말고
잊은 자신 찾아보자.

사람들은 잃어버린 자신은 찾으려 않는다. 그대 드넓은 공간 가지려 말게. 연륜이 쌓일수록 사회적 가정적 공간 좁혀져 오는 거니까. 그대 작은 가슴에 사랑을 수놓아 보게. 아름다운 마음을 갖게 될 테니. 우리가 잘 산다는 것은 부유한 생활이 아닐세.

주어진
시간 바르게
잘 쓰며 사는 걸세.

\- 사설 시조

독백 5

요리의 양념처럼
고독도 필요하다.

우리네 어머님의 광주리 속엔 희망의 꽃송이가 가득 담겨져 있다. 슬픔의 꽃은 빨리 피어나 늦게 지지만, 행복의 꽃은 늦게 피어나 빨라 진다. 사랑의 열매 중 가장 크고 값진 열매는 봉사로 얻은 열매다. 피하지 못하고 맛보아야 한다면 먼저 쓴 맛부터 보는 게 좋다.

추위 중
가난의 한기가
눈시울을 적신다.

- 사설 시조

독백 6

사랑은 선물이다.
신이 준 은총이다.

신이 인간에게 부여한 최고의 선물을 이기적인 인간들은 선물로 받은 능력을 자신만을 위해 쓰려고 하네. 그대 가슴은 드넓은 대지, 그 곳에선 사계절 아름다운 꽃 피워 내고 향기로운 열매 맺게 하는 그 끝이 보이지 않는 사랑의 뜰, 그대 작은 사랑 속에 갇혀 살려 말고 큰 사랑 펴고 살게.

은혜는
받는 이보다
주는 이가 복되다.

\- 사설 시조

독백 7

사랑이란 이름으로
서로가 하나 되자.

우리는 속박하며 사는 존재, 역사며 조상의 뿌리를 알지 못하면서, 현실에서, 어찌 튼튼한 뿌리를 내리기 바라는가. 사랑의 나무를 옮겨 심어서는 아니 되네. 새로운 뿌리 내리기 위해선 오랜 시간 소요되네.

어떤 길
가고 오더라도
본심만은 지켜야지.

\- 사설 시조

복사꽃

수많은 밤 지새며
가슴앓이 울던 누나

인고의 세월 끝에
써 보낸 사랑편지

누나가
피워낸 불길
타오르는 사랑 꽃.

\- 단형시조

꽃을 보면서

잠시 발길 멈추고
꽃을 보면서

꽃이 전한 사랑 의미
깨달을 수 있다면

삶은 얼마나
여유로워질까?

마음은 얼마나
평온해질까?

은행나무 가로수

하루에도 수 만대
통행하는 차량에서

내 뿜는 매연으로
만성 피부병 앓고 있는

가로수
은행나무가
통한의 눈물 흘리네.

\- 단형 시조

고향 그리며

정든 고향 뒤로하고
떠나 올 때

남 몰래 흘리시던
부모님 눈물

인생살이 어려울 때
아들성공 기원하시던

부모님 마음
힘을 얻는 말씀.

불어오는 바람 따라

노을 빛 물든
자신의 얼굴을 본다.

불어오는 바람 따라

먼 길 떠날 준비하는
가을 잎새가 된다.

행복임을 모르고

반복되는 일상으로
삶의 보람 찾지 못하고
흘러 보내네.

햇살 같은 사랑
가슴 가득 채우지 못하고
방황을 하네.

날마다
가슴 설레는
행복 만나면서도
행복임을 모르네.

2

고향길을 오가며

박꽃

여인의 순정
꽃을 피우고
어둠을 밝히네.

고향 사랑 눈빛
향수를 담아내고

한 번 맺은 인연
변함없는 사랑
끝까지 지켜가네.

냇물의 노래

오랜 세월 흘렀지만
어찌 그리 변했느냐.

네 노래 듣고 싶어
천리 먼길 찾아 와도

그대는
누워있구나
신음소리 흘리며.

- 단형 시조

고향 집

부모님 이승 떠나신 후
비어 있는 고향 집

가슴을 파고드는 찬바람
쓸쓸함을 더 하네.

집 주변 점령한 잡초
주인 행세하면서

말없이 남의 집에 들어온
그대는 누구냐 묻네.

고향길 오가며

고향 가는
마음 발길

손 흔들어
작별인사

돌을 달아
무거운가?

떠나오는
마음 발길.

고향집 찾아가면

아직도
어머니의 숨결
사랑 향기 묻어나네.

- 종장 시조

고향마을 진달래

고향마을 진달래가
애간장을 녹이네.

고향 떠나 타향살이
고달픈 인생길에

따뜻한
훈풍 불어와
벙그러진 봉오리.

- 단형 시조

고향을 생각하면

옛 추억 그리움이
봄날의 희망으로
새록새록 돋아나네.

고향 떠나 타향살이
어언 반 백 년인데

가슴깊이 뿌리내린
고향사랑 마음은
변함없이 설레네.

고향 찾아

산과 냇가
맑고 고운 노래

그 노래 듣고 싶어
고향에 간다.

어느 때 들어도
정답기에

그 노래 들으려
고향엘 간다.

고향 사랑 마음은

내 고향
따뜻한 정은
세월 가도 그대로.

- 종장 시조

구절초

가슴에 묻어두고
풀어내지 못 했던

구구절절 맺힌 한
사랑으로 풀어내면

지난 날
꿈꾸었던 사랑

이루어낸 기쁨으로
웃음보를 터뜨리네.

고독은

사람들 가슴 속
깊이 들어가

세상 그 누구도

빼낼 수 없도록
깨알처럼 박히네.

냇물

도란도란 이야기
노래까지 들려주다

사람들이 몰래 버린
오폐수 오염

이야기도 노래도
모두 멈추고

심한 몸살 앓으며
구토하는 하늘

결국 그 냇물
자신이 마실 물인데.

여행길

수많은 길 가운데
사람들이 선택한

가장 좋아하는 길
여행길이다.

크고 작은 어려움
겪는다해도

떠나면 즐거운 길
여행길이다.

그 길 위에서
구도자가 찾던

참된 삶의 진리
구할 수 있는 길이다.

거센 삶의 파도

오랜 세월 흘러도
멈출 줄을 모르네.

언젠가는 멈추리라.

기다리고 기다려도
쉼 없는 삶의 파도.

건지산의 갈대

변함없는 사랑이다.

첫 사랑의 순정
끝까지 지켜가는 갈대

계절의 분수령
넘지 못하고
울음을 터뜨리네.

산책을 오가는 길손
그리 많아도

갈대의 눈물 닦아 주는 이
아무도 없네.

길 위에서

누구나 소망하는
희망 사랑 행복도

옛 선현들께서
남기고 떠나신
삶의 지혜도

앞으로 가야할
참된 인생길도
길 위에서 찾는다.

어느 날 갑자기

지난날 이루지 못했던
첫 사랑의 꿈.

아직까지도
가슴 한 켠에
불씨로 남아 있는지

모두 잊고 살겠다고
굳게 다짐했는데도

어느 날 갑자기
둥근달로 떠올라
가슴앓이가 되네.

사랑고개

웃고 넘던 고개가
사랑 고갠가.

울고 넘는 고개가
사랑 고갠가.

웃고 울고 넘다보니
세월만 가네.

유수처럼 흐르는 게
사랑이던가.

시류 따라 흐르는 게
인정이던가.

사랑 따라 인정 따라
세월만 갔네.

바다를 대하면

긴긴 세월
맞고 보내면서

푸르름 잃지 않는
바다를 대하면

맑은 마음 갖지 못한
자신이 부끄러워

무욕 다짐하고도
돌아서면

또 다시
파도로 이는 욕망.

시를 찾아

오늘도 시를 찾아
길을 떠난다.

떠나는 발길이 가볍다

시의 소재가
눈에 들어 왔을 때
기쁨에 가슴이 뛴다.

눈으로 들어온
시적 대상에
새 생명의 숨결을
불어 넣는다.

길동무

시는 나에게
희망을 전해 주었다.

삶의 깊은 의미
깨닫게 해 주었다.

가슴 설레는
대상이었다.

같이 가는 길동무가
되어주었다.

가슴 벅찬 감동으로
다가왔으며

여유로운 마음으로
살게 해 주었다.

그릇에 담아내려면

지혜의 샘 속에서
건져 올린 언어의 보석

깨끗이 닦아내어
시 그릇에 담아내면

보석으로 빛나는
새로운 시가 되네.

3

행복의 열매

꽃향기도

눈물 흘린 후에
한 단계
성숙되는지

꽃의 빛깔
그 아름다움
더욱 빛나고

꽃향기도
한결 맑아지네.

봄비

사랑의 손길로
겨울잠을 깨우고
새 눈을 달아주면

눈 뜬 초목들
초롱초롱 눈빛으로

눈앞에 펼쳐진
신비로 가득 찬

새로운 세상
보게 된 기쁨
웃음꽃을 피우네.

향기 남기는 꽃처럼

피면서 나는 향기
지면서도
향기 남기는 꽃을
묵상하네.

인간으로 태어나서 한생 살아가며 명예로운 이름을 남기지 못하려나. 이승을 떠날 수 없어 허허롭네. 어느 때 떠난다 해도 미련은 없지만, 꽃향기 같은 이름을 남기고 싶어지네.

지면서 나는 향기
가뭇없이
스러지는 꽃잎을
품에 안네.

좋은 것은?

가꿀수록 아름다운 건
사랑 아닌가.

맑을수록 좋은 건
마음의 샘 아닌가.

씻어낼수록 좋은 건
마음의 때 아닌가.

줄일수록 좋은 건
욕심 아닌가.

가까울수록 좋은 건
사람과 사람 사이 아닌가.

나눌수록 좋은 건
행복 아닌가.

늘어날수록 좋은 건
경제력 아닌가.

쌓을수록 좋은 건
덕 아닌가.

연륜 쌓일수록

따뜻했던 가슴도
점점 식어가네.

가슴에 솟아나던
맑은 생수도
수량이 줄어드네.

깊고 넓었던 마음도
점점 얕아지고
좁아져 가네.

갈대

갈대는 바람에
흔들이면서
괴롭히는 바람
원망치 않고

갈대는 외로움에
흐느끼면서
외로움을 밖으로
들어냄 없네.

산사의 종소리

깊어가는 밤
은은하게 들려오는
산사의 종소리

사람들의 흩어진 마음
한곳으로 모으네.

정적이 흐르는
고요로운 밤
묵상을 하며
하루를 돌아보는
시간이 되네.

내일을 열어갈 희망
삶의 동력(動力)이네.

가뿐해진 몸과 마음

세월의 무게에
몸의 무게

마음의 무게 더해
힘겨웠는데

세월의 무게
몸의 무게

마음의 무게까지
모두 내려놓으니

가뿐해진 몸과 마음
하늘을 날 것 같네.

간이역

불행하다 슬퍼 말고
행복하다 지나치게.

도취되지 말고
지나고 보면

불행도 행복도
슬픔도 기쁨도
실패도 성공도

모두가 잠시 머물다
떠나는 간이역 아니던가.

꿈은

인생길
행복이다.

삶의 동력
활력소다.

아름답게
피어난 꽃

밤하늘의
별이 된다.

여백

행복의 그릇

한 번에 가득
채우려 말고
여백을 두라하네.

두고두고 채워가며
느끼는 행복

누구나가 소망하는
가장 큰 행복.

최고의 가치

그대가 갖고 있는
아름다운 눈

맑은 감성은
무엇과도 바꿀 수 없는

최고의 가치
행복의 길로 가는
제일의 요건

사랑하는 마음으로
가꾸고 북돋운다면

자신의 삶 아름답게
꽃 피울 수 있으리.

어디에서나

생활의 터전 어디에서나 시달리다 보면, 위로받고 싶은 게 사람들의 마음, 가정과 사회 어디에서도 위로받지 못할 때, 자신이 좋아하는 취미 하나 찾아 남아있는 열정을 모두 쏟아 보라네.

우리는 언제나
우리는 어디서나.

가장 아름다운

세상에서
가장 아름다운 사랑

부부간의 사랑임을
알지 못하고 살아온 세월

해가 갈수록 쇠약해져 가는
아내의 모습에 마음 무거워지네.

앞으로 남은 생
아내의 건강 지킴이가 되려네.

그대는 세상에서
가장 아름다운 사람.

사랑으로 가꾼 보람

아내는 길을 가다 만난, 봄날의 민들레, 가을날의 들국화 구절초를 화단에 심었네. 손수 구해다 심은 동백, 꽃나무를 사랑으로 가꾼 보람, 꽃으로 피어나면, 아내는 행복한 얼굴이네. 자신의 행복 찾을 줄 아는 아내.

덤으로
행복해지는
자신을 본다.

한 평생 살아가면서도

흐르는
물줄기 따라
흘러가는 사람들

가슴에
쌓이는 번뇌
씻어내지 못 하네.

고향마을 매화꽃

이른 봄이면 고향 떠나
타향살이 하는 사람
가슴에서 피어나는
고향 마을 매화꽃.

가슴 속에 남아 있는
매화꽃 향기
타향살이 외로움
애틋한 그리움을 풀어내네.

상사화

오랜 그리움
홀로 앓는 가슴앓이가
불꽃으로 타 오르네.

타 오르는 불꽃
아무도 끄려 않네.

두고두고 가슴에서
타오르기 바라는 기도가
멈추지 않네.

시를 쓰면서

시가 자신의 가슴으로
들어오기 바라지 말고
시 속에 빠져 보라 하네.

시를 여기(餘技)로 쓰려 말고
시 속에 빠져
시와 하나가 되어 보라네.

어떤 결과가 일어나는지
달라진 점 무엇인지
찾아보라네.

시 이삭

산과 들 바다에 나가
시 이삭을 줍는다.

어디를 가나
다른 시인들이 보지 못하고
지나친 이곳저곳에
탱글탱글 영근
시 이삭이 남아있네.

시야를 넓혀
자신의 주변 살펴보면
종자로 사용할 수 있는
시 이삭이 떨어져 있네.

환경보호

환경보호 오염방지
말만으론 아니 되네.
실천하지 못하면서
한다하면 무엇하나.

무책임한 행락질서
누구나가 책임한계
명확하게 지켜주면
걱정할 일 있겠는가.

우리江山 영원성은
오늘날을 살아가는
우리에게 달렸으니
어찌 책임 없다할까.

우리 국토 우리들이
아름답게 가꾸어갈
책임의무 다했는가.
다시 한 번 생각하세.

지금까지 살아오며
생활주변 환경오염
내할 일이 아니라며
지나치지 않았던가.

환경보존 모든 책임
우리에게 달렸으니
이제라도 힘 모두어
길이길이 보전하세.

너와 내가 하나 되어
환경오염 막는 일이
제일먼저 해야 하는
우리들의 과제일세.

푸른 강산 잘 가꾸어
후손에게 물려주세
두고두고 사랑받을
우리들의 금수강산.

애국심이 따로 없고
국토사랑 따로 없네.
오염방지 자연사랑
이게 바로 나라사랑.

우리 가꾼 금수강산
세계 각국 도처에서
보고 싶어 찾아오게
널리널리 홍보하세.

행복의 열매

눈앞에 보이는
행복의 열매
팔 뻗으면 닿을 것 같아
막상 팔 뻗어 보면
닿지를 않네.

누구나가 소망하는
행복이라 해도
피나는 노력 없이는
단 한 알의 행복의 열매도
수확할 수 없다는 진리.

오늘 다시
깨닫게 되네.

4

사랑을 꿈꾸며

이른 봄이면

기다리고 기다리던
봄이 오면

새롭게 피어난
꽃을 보면서

식어가는 가슴에
불을 지핀다.

오래도록 지지않고
남아있도록

자신의 꿈
꽃을 피운다.

꽃등

오가는 길손
누구에게나

무사히 목적지
다다를 수 있도록

성공의 길로
갈 수 있도록

자신의 꿈
이룰 수 있도록

사람들의 가슴에
꽃등을 달아주네.

민들레

노란 깃발 흔들며
오가는 길손에게
봄소식을 전하네.

어렵게 살아가는
민초들에게
희망 전하네.

가장 낮은 자리에서
푸른 하늘 날고픈
꿈을 키우네.

꽃을 보아도

가슴에서 피어난
사랑의 온기

고갈된 때문인지
산과 들에 피어난
꽃을 보아도

아름다운 그 향기
가슴으로 들어오지 않네.

건조해진 마음 밭에
사랑나무 한 그루
심을 여백이 없네.

홀로서기

걸음마로 시작되는
홀로 서기는
한 평생 계속된다.

인생길 같이 가는
길동무 있다 해도
잠시 같이 가는
길동무일 뿐.

인생살이 한 평생은
홀로 서기다.

고향전경

마음의 변화인지
가까웠던 고향도
멀어져 가네.

고향에 간 날에도
옛날에 들었던
냇물의 맑은 노래
들리지 않고

해가 갈수록
달라져 가는
고향의 전경
점점 낯설어지네.

새

자유롭게 날던 새

언제까지나
더 높이 더 멀리
날고자 했던 새

세월의 무게
이겨내지 못하고
날개를 접네.

고독

인생길
길동무 해도
남아있는
고독 하나.

- 종장 시조

행복의 초석

작은 배려
작은 나눔

행복의 길로 가는
초석임을 알지 못 했네.

세월의 흐름 속에
묻히지 않고

더 큰 행복으로
되돌아온다는 것을.

저승길 가는 길도

이승 길 오는 길도
저승길 가는 길도

조물주의 뜻이라면
이승생활 그 누구도

자신의 뜻대로
오고 갈 수 없는 길

행복의 길도
고난의 길도

스스로의 노력으로
극복해 가는 길.

친구의 독백

이승 떠난 아내

묘지를 찾아
가는 길.

가깝고도 멀대요.

이승 떠난 아내
가슴에 담아내는 길

아버지의 마음

아버지께서 이승 떠나시기 전까지 못난 자식으로 인해 마음고생 심하셨대요. 영민하지 못한 자식, 행여 사람구실 못할까, 근심의 끈 놓지 못하시고, 아들 공부시켜 앞길 열어주려 허리 굽도록 일하시며 고생고생 하셨대요.

아버지 마음 그 은혜
알게 되었을 때는
이미 아버지께서
먼 길 떠나신 후였지요.

숲은

신록의 푸르름
싱그러운 향기
희망 전하고

사람들이 쉬어갈
그늘 만들어
무더위 식혀주며

오색무늬 가을 잎새
오가는 길손에게
기쁨 전하고

북풍 방패막이로
사계절 변함없는
사랑 전하네.

어머니의 사랑 온기

어머니 이승 떠나신 지
강산 두 번 변한
아직까지

어머니가 전해 주신
따뜻한 사랑 온기
가슴에 남아 있네.

어머니 생각하면
자신도 모르는 힘
절로 솟아나네.

사랑을 꿈꾸며

사람은 누구나가
아름다운 사랑,
행복을 꿈꾼다.

꿈꾸던 사랑
이루기 위해
노력할 때면
행복해진다.

우리네 삶 속에
이루고자 하는
사랑 행복 없다면

삶의 보람 어디에서
찾을 수 있을까.

자신의 자리

가정과 사회
어디에서나

자신의 자리
끝까지 지켜가며
책임의무 다하기란
참으로 어렵네.

끝까지
자신의 자리
지켜내기까지에는
수많은 장애물
앞길을 가로막네.

마음속의 길

사람들의 마음속엔
수시로 변화되는
두 갈래 길이 있다.

어느 날은 천당 길
어느 날은 지옥 길

상황 따라 달라지는
두 갈래 길이 있다.

희망의 꽃

세속에 찌든 마음
꽃향기로 씻어내고

맑아진 마음 밭에
꽃씨를 다독거려

가꾸고
북돋워 주면
희망 꽃을 피우네.

- 단형 시조

인생살이 하는 동안

기세등등했던
동장군님도
해님 사랑 앞에
무릎을 꿇듯

인생살이 하는 동안
권력 재력 체력 자랑치 말고

인생길 끝자락까지
행복한 삶
이어가고 싶다면

항상 낮은 자세로
가슴 따뜻한 사람으로
살아가는 길이
가장 행복한 인생길이다.

물에 대하여

물은 앞지르기도 않고
순리 따라 흐른다.

장애물에 부딪히면
굽이돌아 흐른다.

정다운 이야기
주고받으며
유유히 흐르는 물

각박하게 살아가는
사람들에게
삶의 교훈이다.

물에 대한 반성

물은 생명의 어머니
날마다 맑은 물
마시면서도
그 소중함 고마움
잊고 살지 않았던가.

물 사랑 마음
얼마나 견지했던가.
맑은 생수 마실 때마다
죄 지은 것 같은 마음
부끄러움 앞서네.

행복하게 살고프면

살아가며 받은 상처
하루 빨리 모두 잊고
마음 편히 살아야지
수도 없이 다지고도
마음 한 편 어느 곳에
걸림돌로 남아있네.

어떤 일을 하고 살던
남들에게 상처주면
언젠가는 그 상처가
자신에게 돌아오니
행복하게 살고프면
덕 쌓으며 살라하네.

자신을 돌아보며

인생살이 하는 동안
두고두고 후회할 일을
행한 일은 없었는지
다시 한 번 돌아보네.

살아보면 삶의 길이
그 얼마나 짧은지를
오랜 세월 지나서야
깨달으면 무엇하나.

해 지기 전 해야 할 일
꼼꼼하게 챙기면서
후회 없이 사는 일이
보람으로 남으리라.

5

따뜻한 가슴으로

백일홍

사랑의 열정
불꽃으로 타오르는
백일홍을 보며

언제까지나
기다리면서
아름다운 꿈
꾸게 해주네.

희망의 불씨
되살리게 되네.

밀려나는 속도

세월의 파도
불러오는 거센 바람이
세상 밖으로 밀어내네.

밀리지 않으려고
안간힘 써도
밀려나는 속도

점점 빨라질 때면
다시 한 번 삶의 의미
되새겨 보네.

가을바람

인생살이 하는 동안
가을바람 지나가며
서 있는 갈대
소리 내어 울 때까지
짓궂게 흔들어
갈대 울린 가을바람
된 일 없는가.
인생길 끝자락
다다르기 전
지난날의 자신의 삶
다시 한 번 돌아보네.

그대는

나에게 그대는
상큼한 공기다.

앞길 밝혀주는
해와 달 별빛이다.

날마다
새로운 희망 전하며

아픔까지 품어주는
푸른 숲이다.

가을편지

가을 잎새
떠나기 전,

이별의 슬픔
편지를 쓰네.

방울방울 떨군
눈물의 흔적으로

읽을 수 없는
편지를 쓰네.

잊고 살다가

세월의 무게
나이테까지
모두 잊고 살다가

어느 날 거울에 비친
둥근 나이테

변화된
자신의 또 다른
모습을 보게 되네.

가을 잎새

갖가지 색깔
곱게 물든 잎새

멀리 날 수 있어도
눈물로 얼룩진 잎새

멀리 날지 못하네.
버리지 못한 미련

떠나지 못하도록
앞을 가로 막네.

행복은 1

기다린다고
찾아오던가.

행복은 작은 것
가까운 곳에서
찾을 줄 알아야 하는 거다.

큰 것 먼 곳에서
찾으려하면
평생 찾아 다녀도

눈에 보이지도
찾을 수도 없는 거야.

행복은 2

우애하며 화목하게
살아가는 가정
사랑하고
봉사 할 줄 아는 사람

소박하고 검소하며
이해와 양보
겸손과 용서로
살아가는 사람

타인에게 기쁨 주며
칭찬할 줄 알고
성실하고 올바르게
살아가려 노력하는 사람

찾아오는 거야.
그런 사람에게
행복은 찾아오는 거야.

따뜻한 가슴으로

한생 살아가며
사소하게 다투지 말고
큰 도량
마음으로 살라하네.

삶의 고통
헤어나지 못한 사람
따뜻한 가슴으로
품어주며 살라하네.

어디에서나
한 발짝 물러서서
이해하고 양보하며
사랑으로 살라하네.

꽃 편지

연분홍 꽃 편지로
사랑 전하네.

사랑을 담은
꽃 편지

가슴에서
피어난 꽃

행복으로 남기 위해
기도를 하네.

소박한 꿈

행복한 자리
모든 아름다움도
낮은 곳에 있다.

가슴으로 흐르는
따뜻한 정도
낮은 곳에 있다.

자신이 이루어낸
소박한 꿈도
낮은 곳에 있다.

꽃은

나누는 사람
행복이 된다.

누구에게나
향기가 된다.

평범 속에서

상처내지 않고 부자가 된 자 뉘 있으며, 평범한 사람들의 인격을 존중해 주는 벼슬아치가 얼마이던가. 그들을 선망의 대상으로 삼으려 말고, 평범한 삶 속에서 언제까지나, 누군가의 가슴에 정다운 사람, 그리운 사람으로 남아 있는 사람, 자신의 삶을 가장 보람 있게 가꾸어 가는 사람이 되자.

이승 떠날 때

자신의 마음 하나
추스르지 못하고

흩어진 자세로
살아왔던 사람도

이승 떠날 땐
석양의 노을 빛

아름다운 꽃잎으로
지고 싶어 하네.

한 고개 넘을 때마다

가파른 고갯길도
가뿐하게 넘었는데

세월의 무게에
짓눌린 때문인지

이제는
한 고개 넘을 때마다

다음 고개 가까워 오면
초조해지는 마음.

산에 오르며 1

길손의 마음
알기라도 하듯

그 품에 안아주며
쉬엄쉬엄 가라하네.

가는 길에 찾아드는
약간의 고독은 양념이라네.

잠시 머물다 떠나는
나그네에게는.

산에 오르며 2

푸른 숲길 따라
산에 오른다.

숲이 뿜어낸
싱그러운 향기

일상에 찌든 마음
맑게 해주네.

내려올 땐
눈에 밟히는 꽃

지난날의 삶을
되돌아보게 하네.

뇌물

곧은 길
어디 있는가?
돌아보며
되뇌며.

- 종장 시조

이근풍 시집

향기 남기는 꽃처럼

발 행 일 | 2019년 2월 22일
지 은 이 | 이근풍
발 행 인 | 李憲錫
발 행 처 | 오늘의문학사
출판등록 | 제55호(1993년 6월 23일)
주　　소 | 대전광역시 동구 대전로 867번길 52(한밭오피스텔 401호)
전화번호 | (042)624-2980
팩시밀리 | (042)628-2983
전자우편 | hs2980@hanmail.net
카　　페 | cafe.daum.net/gljang(문학사랑 글짱들)
cafe.daum.net/art-i-ma(아트매거진)

공 급 처 | 한국출판협동조합
주문전화 | (070)7119-1752
팩시밀리 | (031)944-8234~6

ISBN 978-89-5669-990-5

값 9,000원

* 이 책은 교보문고에서 E-Book(전자책)으로 제작 · 판매합니다.
* 잘못 제작된 책은 바꾸어 드립니다.

* 이 도서의 국립중앙도서관 출판예정도서목록(CIP)은
서지정보유통지원시스템 홈페이지(http://seoji.nl.go.kr)와
국가자료종합목록시스템(http://www.nl.go.kr/kolisnet)에서 이용하실 수 있습니다.
(CIP제어번호 : CIP2019006409)